AF331853

DÉFENSE DE LECHEVALIER,

AUTEUR DU VOYAGE DANS LA TROADE,

ET DU COMTE DE CHOISEUL GOUFFIER,

CONTRE

M. P. BARKER WEBB.

———◆———

Trois mois s'étaient écoulés depuis que j'ai adressé aux membres des Académies de l'Institut royal de France les plus susceptibles d'y prendre intérêt, les premiers exemplaires de l'opuscule auquel j'ai ajouté, en dernier lieu, un précis des démarches que j'ai faites auprès du gouvernement français, en vue d'obtenir qu'une mission soit envoyée dans l'Asie Mineure, à l'effet de constater authentiquement l'état actuel du théâtre de l'Iliade, lorsque j'eus connaissance d'une dissertation dont le contenu me met encore dans l'obligation de reprendre la plume. Il s'en faut de beaucoup que cette dissertation soit nouvelle; mais, jusqu'ici, publiée successivement d'abord en italien, et un peu plus tard en allemand, elle avait été seulement répandue hors de France. J'ai sujet de croire que si on la reproduit cette fois chez nous, c'est par forme d'opposition à ce que la satisfaction que je sollicite, dans l'intérêt des sciences historiques, géographiques et archéologiques, me soit accordée. Elle est intitulée *Topographie de la Troade ancienne et moderne*. Son auteur, M. Webb, dans la préface, parlant du livre que j'ai publié à peu près sur le même sujet, s'exprime ainsi qu'il suit :

« En 1840, M. Mauduit fit paraître un ouvrage remarquable sur

1

« la Troade, avec des cartes et des dessins excellents. Cet auteur
« non-seulement adopte, mais croit confirmer le système de Le-
« chevalier par ses propres découvertes, et surtout par l'existence
« de débris et de fondations sur le Balli-Dagh. Nous avons égale-
« ment vu ces fondations ainsi que M. Gell, et, selon nous, elles
« ne peuvent avoir appartenu au Pergame d'Homère. »

Dès les premières pages de cet écrit, j'ai pu reconnaître que j'ai,
dans la personne de M. Webb, un antagoniste beaucoup plus pro-
noncé que je ne l'avais pu supposer, sur les termes de sa préface.
En effet, son refus tient à un motif susceptible d'agir très-puissam-
ment sur le jugement des hommes en général, quelque consciencieux qu'ils puissent être.

La dénégation de M. Webb provient de ce que, il y a maintenant vingt-cinq ans écoulés, ayant visité la Troade avec une attention particulière, mais aussi avec l'esprit un peu trop prévenu
par ce que Strabon a écrit sur cette contrée d'après Démétrius de
Scepsis, lequel partageait les erreurs de son temps, et s'étant
rangé, dès ce moment, à l'opinion de ceux qui voient dans le
Mendéré-sou, le vrai Scamandre, il a, dès lors, avancé une opinion
diamétralement opposée à celle de Lechevalier et du comte de
Choiseul-Gouffier, que j'ai pour but de maintenir en crédit. C'est
ce qui fait que ce même savant, bien qu'il n'ait à produire aucun
indice matériel qu'une ville quelconque ait existé sur le point où
il lui a convenu de placer la ville de Priam, revient aujourd'hui
soutenir qu'aucune autre position que celle qu'il a indiquée dès
le principe, ne peut réunir aussi complétement les données de la
ville homérique.

Dans un tel état de choses, ne pouvant me dissimuler l'impuis-
sance où je suis de gagner à mon opinion un écrivain aussi avancé
dans la sienne que l'est M. Webb, j'ai pensé que le seul parti que
j'aie à prendre doit être celui de dire : Vous avez exposé de votre
mieux les faits sur lesquels vous vous appuyez, j'ai agi de même

relativement au système que je soutiens; que les hommes convenablement instruits et désintéressés dans cette question nous jugent.
C'est aussi le parti que je me propose de suivre, quand, toutefois, j'aurai réfuté les arguments sur lesquels ce savant fait le plus
de fond; mais avant d'entrer dans la discussion, il nous faut établir entre M. Webb et moi, ou plutôt entre M. Webb et ses vé-
ritables adversaires, le comte de Choiseul et Lechevalier, qui ne
peuvent revenir au monde pour repousser l'inculpation d'*absurdité* (1) qu'on leur adresse; il nous faut établir, dis-je, entre ces
trois adversaires, l'un vivant et les deux autres qui n'existent plus,
la partie tant soit peu égale.

Je commence par faire observer que le nouvel apôtre de Strabon,
suivant en cela un usage malheureusement reçu dans toute espèce
de polémique, arrange, pour l'intérêt de sa cause, le champ de
la dispute. Ainsi, d'abord, il nous présente une carte très à peu
près copiée sur celle que M. de Choiseul a donnée, et que moi-même
j'ai reproduite; mais il y fait diverses modifications assez sensi-
bles pour qu'il m'importe tout au moins de les signaler : je ne
citerai que les plus importantes.

1° Non-seulement, dans sa carte, il ne tient aucun compte des
traces de l'ancien lit de notre Simoïs indiquées sur la mienne, et
qui offrent à la pensée, comme ayant existé plus anciennement,
un champ très-convenable aux mouvements de deux armées, mais
il réduit même l'espace que les deux fleuves ont conservé entre
eux de nos jours.

2° Il a élevé aussi haut qu'il a cru pouvoir se permettre de le
faire, la position qu'il assigne à l'*Ilium vetus*, afin qu'elle puisse

---

(1) On lit dans le livre de M. Webb, page 27, ligne 17 : «Néanmoins Leche-
«valier *découvre Troie, les ruines de ses palais*, etc., etc., et nous verrons dans
«quel dédale d'*absurdités* il nous conduit...» Plus loin, page 30, on lit encore :
«Mais dispensons-nous d'énumérer toutes les *absurdités* où a fait tomber l'aveugle
«ambition d'établir une nouvelle théorie.... »

répondre tant soit peu à certaines paroles d'Homère plus caractéristiques qu'il ne voudrait.

3° Enfin, il a négligé de tracer sur sa carte les principaux indices qu'une baie dut exister, au temps de Priam, entre le champ de Troie et l'Hellespont, fait dont Pline a constaté la réalité, en citant ce qui, de son temps, restait encore de cette baie.

Eh bien, malgré la défaveur que peut jeter sur notre opinion la concession que je vais faire, j'accepte le plan présenté par M. Webb, du moins comme étant conforme aux localités actuelles, car je me sens de force, même dans cette hypothèse, à démontrer que c'est cependant lui qui s'est abusé, et non pas mes auteurs; que l'opinion de ceux-ci est la seule fondée en raison, la seule qui puisse concilier les paroles d'Homère avec les termes les plus précis qui aient été écrits en vue de déterminer ce qui, il y a 1800 ans, caractérisait encore le théâtre de l'Iliade.

Si je puis prouver, par la carte même de M. Webb, et par son propre témoignage, que son Scamandre et son Simoïs ne peuvent être le Scamandre et le Simoïs d'Homère, que les écrivains qui soutiennent en cela les opinions du comte de Choiseul et de Lechevalier sont seuls dans le vrai, je puis espérer que tout sera dit touchant la position de la véritable Pergame, puisque l'on convient que cette position ne peut être bien déterminée que par la reconnaissance formelle de ces deux courants et par la situation qu'ils ont l'un à l'égard de l'autre (1). C'est donc à ces deux

(1) M. Webb en tombe d'accord, puisqu'il dit, p. 32, lig. 10 : «Si les sources de «Bounar-Bachi sont les sources du Scamandre, Bounar-Bachi *a donc été Troie.*» «Il est vrai qu'il ajoute : «Et les Grecs et les Troyens se sont rencontrés dans l'é- «troite langue de terre qui se trouve resserrée entre le *ruisseau* et le *fleuve.*» Mais cette observation n'a aucune valeur; car tout nous dispose à concevoir qu'il y a trois mille ans, le cours du Mendéré, c'est-à-dire de notre Simoïs, devait se porter beaucoup plus à l'Est de la plaine; en outre, ce Simoïs n'ayant jamais été qu'un torrent tandis que notre Scamandre au contraire fut toujours un fleuve, n'a pu communé-

seuls points que je vais m'attacher, laissant de côté toutes les pué-
riles objections que l'on a faites sur les contradictions remarquées
par tels et tels dans les nombreux récits de notre poëte, et que,
en supposant ces contradictions toutes réelles, il conviendrait d'im-
puter beaucoup plus justement aux réviseurs de ses œuvres qu'à
lui-même. Je vais entrer en matière sur-le-champ, et aussi suc-
cinctement que l'importance des sujets me le permettra; car j'ai à
cœur d'en finir, attendu que ce n'est point par spéculation que
j'écris, mais bien par conviction, et, principalement aujourd'hui,
par considération pour la mémoire de deux hommes illustres dont
la sagacité et les lumières ont honoré notre pays, et dont l'un particulièrement mérita, en tous points, les nombreux témoignages
d'estime qu'il reçut de son vivant, tant en France qu'à l'étranger,
et l'hommage qu'on lui a rendu après sa mort.

Ce qui nuit beaucoup à M. Webb, selon moi, c'est d'être trop
érudit. Quiconque a le désir de savoir à quoi s'en tenir sur les récits
d'Homère, sur le plus ou moins de fidélité de ses descriptions to-
pographiques, doit se mettre l'esprit en repos, en se dégageant de
tous vains embarras. Il ne faut pas qu'il se préoccupe de ce que les
Bellonius, les Pietro della valle, les Wheler, ni même Démétrius
de Scepsis, Strabon, et surtout Ovide et Virgile, et tous autres
poëtes grecs et latins, ont pu écrire, en prose ou en vers, touchant les contrées que le père des historiens et des géographes a
illustrées dans ses œuvres si généralement honorées jusqu'à nos
jours. Il faut tout simplement, en explorant ces contrées, le prendre pour guide, et, si l'on juge convenable de comparer son dire
avec celui de quelques autres des écrivains de l'antiquité les plus
en crédit, il n'en faut pas moins cependant se fier toujours de pré-

ment mettre obstacle aux mouvements des deux armées, puisque, si ce n'est à
l'issue des orages, ou après la fonte simultanée des neiges, qui, en un temps assez
restreint, couvrent la cime du mont où il prend sa source, le reste de l'année il est
très à peu près à sec.

férence à ses propres paroles, s'appliquant seulement à distinguer ce qui, dans ses œuvres, appartient à la fable ou à la vérité. Or, cette tâche est rarement fort difficile, car le grand poëte, même dans ses inspirations les plus vives, prend le soin de nous mettre à même d'apprécier l'un et l'autre. J'ai eu plus d'une fois l'occasion d'en faire voir des exemples frappants, et je vais en citer dans l'instant même un des plus remarquables et des plus propres à fixer l'opinion des érudits, sur la grande question que je vais essayer de résoudre d'une manière définitive.

Sur quoi M. Webb s'appuie-t-il pour refuser de reconnaître le véritable Scamandre dans ce courant d'eau qui prend sa naissance au pied du Balli-Dagh? C'est d'abord, sur ce que les sources de ce petit fleuve n'offrent, selon ce qu'il prétend, aucune différence dans leur température, tandis que, à entendre Homère, l'une des deux seulement devait être froide en été et chaude en hiver; ensuite sur cette considération que l'exiguïté de ce courant ne répond point aux grandes expressions que ce même poëte emploie en parlant du Scamandre. Relativement au premier point, auquel j'attache peu d'importance, je renvoie notre adversaire à ce qu'il trouvera écrit sur ce sujet dans la première partie de mon livre, plus particulièrement aux pages 118-124 et 192-196. Je ne veux m'occuper, pour le moment, que de la seconde objection, parce qu'elle seule me paraît tant soit peu sérieuse.

M. Webb ne peut admettre que des épithètes telles que celles-ci : le grand, le terrible, le profond, le tourbillonnant, même *le divin*, puissent s'appliquer à un courant de quinze pieds de large... En s'exprimant dans cette occasion, comme il le fait, ce voyageur oublie que, lui-même a émis l'opinion fort sensée que dans le chantre de la guerre de Troie, il convient de distinguer le poëte de l'historien. Or, assurément ces épithètes dont on veut s'armer contre les opinions de Lechevalier et du comte de Choiseul, appartiennent au poëte, et d'ailleurs elles font allusion à quelque

(7)

état extraordinaire du fleuve; car cet Homère, en employant dans
certaines circonstances que notre critique néglige de mentionner,
des expressions si propres, j'en conviens, à égarer des esprits peu
attentifs, ce même Homère, ami du vrai, comme il l'est, ne tarde
pas à nous faire connaître ce qu'il convient de voir dans ces poé-
tiques expressions. S'il a représenté le Scamandre grand, rapide
tourbillonnant, c'est, comme je viens de le faire entendre, parce
qu'il avait alors à nous le montrer dans quelque crise de la nature,
gonflé par quelque orage éclaté subitement, ou refoulé en arrière
par les flots des eaux réunies de la mer Égée et de l'Hellespont,
qu'a bien pu lancer plus d'une fois sur son cours, d'ordinaire si
paisible, le vent impétueux du nord, ou celui de l'ouest (1) : c'est plus
particulièrement quand il représente notre fleuve luttant contre
Achille; mais cet Achille va tout aussitôt rectifier nos idées, et
nous convaincre qu'il s'en faut de beaucoup que son adversaire ait
habituellement les proportions et la puissance que lui prêtait
notre imagination exaltée par les vers du poëte, puisque, sans le
secours d'aucun de ces dieux qu'il implorait un moment aupara-
vant, nous allons voir ce même Achille surmonter soudainement
tous les obstacles. Un orme, probablement déjà sensiblement

(1) C'est sans doute en raison de quelque fait de ce genre, qu'Homère, dans le
XIIe chant de son Iliade, rendant compte de la destruction complète des retranche-
ments élevés par les Grecs, s'exprime à peu près comme il suit :

« Neptune et Apollon résolurent de renverser ces remparts, en précipitant contre
« eux tous les fleuves qui, du haut des montagnes de l'Ida, se jettent dans le sein
« des mers, le Rhésus, l'Heptatore, le Carèze, le Rhodius, le Granique, l'Æsèpe,
« le *divin* Scamandre et le Simoïs, *qui couvre de ses sables profonds tant de cas-*
« *ques, de boucliers.......* Apollon pendant neuf jours détourna les urnes de ces
« fleuves, et pendant tout ce temps dirigea leur cours contre cette muraille. Jupiter
« ne cessa de verser des torrents de pluie pour engloutir ces travaux *dans la mer.*
« *Neptune lui-même, armé de son trident, marcha le premier, et, par l'effort des*
« *vagues, il détruisit jusqu'aux bases de pierre et de bois que les Grecs avaient*
« *posés avec tant de peine.* » (Traduction de Dugas-Montbel, édition de 1818.)

incliné vers le fleuve, s'offre à la portée du héros; de ses seules mains il achève de le dégager du sol, et le courbant de l'une à l'autre rive, il s'en sert comme d'un pont et s'élance à l'autre bord...

Assurément Homère n'a pas prétendu nous faire accroire que l'émule, le vainqueur d'Hector, tout supérieur aux autres hommes qu'il se soit proposé de nous le peindre, ait pu arracher et jeter ainsi au travers d'un fleuve, quelque arbre de cent à cent cinquante pieds de hauteur... Ce Scamandre dont le poëte vient de décrire les emportements passagers, ne peut donc être le Mendéré-sou, dont le lit, M. Webb nous l'atteste, a six cents pieds de large. Par ce seul témoignage que je suis bien loin de récuser, notre adversaire, on le voit, concourt déjà lui-même à prouver que, sur ce premier point, c'est bien lui qui est dans l'erreur. Pour le cas où il ne se contenterait pas de cet argument que lui-même nous a fourni, je vais lui en opposer un second tout à fait du même genre, et d'autant plus concluant, cè me semble, qu'il sera la confirmation du premier.

Pourquoi le poëte qualifie-t-il notre Scamandre de *divin?* C'est en raison d'une tradition de son temps, laquelle veut que les sources de ce fleuve aient apparu soudainement, par l'effet d'un coup de foudre lancée par Jupiter en faveur d'Hercule, pour procurer à ce héros le moyen de se désaltérer. Or cette tradition, tout en écartant d'elle ce qui appartient évidemment à la fable, fait passer à l'état de conviction la persuasion où nous étions déjà, qu'Homère, dans ce qu'il dit de son Scamandre, n'a jamais pu avoir en vue le Mendéré, dont l'unique source, depuis un temps immémorial, descend du Cotylus à une cinquantaine de kilomètres en arrière de celles du véritable Scamandre. En effet, cette même tradition nous fait bien connaître qu'Hercule se montra dans la plaine de Troie, mais elle ne nous dit point que le fils d'Alcmène ait porté ses pas jusqu'aux régions les plus élevées de l'Ida, lesquelles, jusqu'au moment de son arrivée, remarquons-le bien, n'auraient pas eu d'eau à offrir à boire à leurs habitants, si l'existence du prétendu Scamandre ne remontait pas au delà du temps où vécut Hercule.

La tradition curieuse que je viens de rappeler, tend encore à nous maintenir dans l'opinion que le fleuve qui porte maintenant le nom de Mendéré, n'a jamais été qu'un torrent dont le lit était le plus habituellement à sec, puisque le maître des dieux, pour étancher la soif ardente du héros, se trouve dans la nécessité de faire jaillir une source à la naissance de cette plaine où, certainement, dès cette époque, le torrent dans lequel nous ne pouvons voir que le Simoïs, répandait seulement, de temps à autre, comme il le fait encore de nos jours, ses dévastations.

Eh puis, avons-nous jamais vu, ou entendu rapporter qu'en aucun lieu du monde, une commotion terrestre quelconque ait fait apparaître subitement à la clarté du jour, un fleuve capable d'occuper un lit de six cents pieds de large? Nous savons seulement que de semblables convulsions font parfois disparaître et reparaître des fontaines, ainsi que des fleuves ou rivières de la capacité de notre Scamandre, et moi-même j'ai cité dans mon livre, Ire partie, p. 122, le fait d'une charmante cascade que j'ai vue à Golling, dans la haute Autriche, et qui, au mois de janvier de l'an 1833, ayant inopinément et complétement cessé de se répandre, reprit tout d'un coup son cours deux mois après, au milieu du mois de mars de la même année. De tels faits n'expliquent-ils point parfaitement les modifications que les sources de notre Scamandre ont pu éprouver dans leur caractère, et même dans leur volume? Si quelque chose peut nous étonner relativement à ces sources, n'est-ce pas de les voir conserver, après trois mille ans, comme elles le font encore en aussi bonne partie, les traits peu communs qu'elles offraient au temps du poëte?

Quoique j'aie lieu de me flatter que je viens de prouver autant qu'il est humainement possible de le faire, en traitant de sem blables questions, que le Mendéré-sou n'est pas le Scamandre d'Homère, mais bien le courant que le poëte historien et géographe nous dépeint sous le nom de Simoïs, toutefois, pour ne laisser subsister aucun doute dans l'esprit de ceux de mes lecteurs qui n'ont point été jusqu'ici engagés par aucun intérêt d'amour-propre à soutenir le contraire, je vais encore démontrer que le petit fleuve qui, dans nos cartes, porte le nom de Tumbrek, et que M. Webb nous donne pour le Simoïs, ne peut être non plus ce courant impétueux dont le Xante, ou Scamandre, dans sa lutte contre Achille, invoque le secours, en l'appelant *mon frère*.

Il m'en coûte d'avoir à le dire, mais je dois croire que M. Webb a complétement méconnu les plus importants changements que les nombreux courants qui affluaient dans la haute antiquité et qui affluent même encore de nos jours dans la plaine de Troie, ont opérés dans cette localité célèbre. J'ai donc à l'en instruire. Je pourrais presque lui affirmer l'exactitude de ce que je vais exposer, parce que je crois pouvoir fournir deux témoignages matériels de la réalité de ce fait.

Au temps de Priam, la majeure partie du vaste champ compris entre la pointe du cap Rhétée et la côte de Sigée, à partir à peu près de Koum-Keui jusqu'à l'embouchure de l'Hellespont, était alors encore sous les eaux. J'ai touché quelque chose de ce fait au commencement du présent écrit, en me plaignant de ce que M. Webb n'a point tenu compte, sur sa carte, des indices très-sensibles qui sont sur la mienne, et que le comte de Choiseul-Gouffier a très-justement fait valoir. On conçoit qu'il pourrait être par trop fastidieux pour un bon nombre de mes lecteurs, si je reproduisais ici en entier ce que j'ai écrit sur ce sujet dans la première partie de mon livre, d'accord avec le noble auteur que je viens de citer; je me restreins donc encore cette fois à renvoyer à ce même livre, M. Webb et toutes les personnes plus ou moins disposées en ma faveur, qui désireraient acquérir une plus ample instruction sur cette partie de notre dispute. Je recommande spécialement à leur attention la pièce intitulée *la Troade au temps de Pline*, et la dissertation qui vient à la suite, comprenant de la page 209 à la page 229 de cette première partie. Quiconque, en commençant cette lecture, voudra bien écarter de son esprit toute prévention, ne tardera pas à reconnaître un fait important, c'est que Pline est, de tous les écrivains de l'antiquité dont les écrits nous sont parvenus, celui qui a le mieux connu le véritable état des choses. Ce savant amiral, commandant la flotte romaine à laquelle la garde de la Méditerranée était confiée, a décrit la Troade probablement *pro visu*; il doit l'avoir vue et observée du pont de son navire; car il n'entre dans aucun détail sur chaque objet, se bornant à les mentionner dans l'ordre où ils peuvent avoir apparu à ses yeux. Il cite trois Scamandres, celui qui passait pour tel au temps de Démétrius de Scepsis et de Strabon; il convient d'ajouter, et d'*Hérodote;* un second qui est le véritable Scamandre, c'est-à-dire le Scamandre d'Homère, provenant des sources de Bounar-Bachi, et qu'il appelle le vieux Scamandre (*Palæ Scamander*); et enfin un troisième Scamandre qu'il qualifie de *navigable* (*Scamander amnis navigabilis*), lequel avait son embouchure dans la mer Égée. Or, certainement ce troisième Scamandre ne pouvait être autre chose que le canal que nous connaissons, et qui fut ouvert, pour des raisons fort puissantes que j'ai déterminées, et en un temps que j'ai démontré devoir être fort antérieur à ceux où vécurent Alexandre le Grand et Xercès, à l'effet de faire passer à la mer Égée tout le produit du cours supérieur de notre fleuve.

Ce nouveau lit creusé au Scamandre dut avoir, dans les premiers temps, comme son nom l'indique, une largeur et une profondeur telles que les navires de cette époque pouvaient s'y engager et s'avancer, par son moyen, jusqu'à l'entrée de la plaine de Troie, afin de servir la ville d'Achillée dont le port a dû occuper, selon moi, cette partie de la plaine qui, depuis bien des siècles, par suite de l'encombrement du canal, a été convertie en un vaste marécage, qu'il faut traverser pour se rendre de Koum-kalessi par Erkessi-Keui, au village de Bounar-Bachi.

Ce passage de l'écrivain latin, si mal compris jusqu'à nous, et d'un si grand intérêt pour ma cause, donne tout sujet de croire qu'au moment où il fut écrit, la baie qui avait servi de port aux Grecs n'avait encore pu être entièrement comblée par les terres, les sables et les débris que depuis douze cents ans le véritable Simoïs, et les autres courants maintenant connus sous les noms de Tumbrek ou Gheumbrek-sou, et Kamara-sou, avaient successivement charriés chaque année, et que cette baie existait encore en partie, à cette époque, à 1,500 pas romains (1) seulement d'*Ilium novum*.

Il est donc évident que ce qui restait alors de l'ancien port des Grecs se trouvait encore fort au-dessus du torrent que M. Webb appelle Gheumbrek. Ce torrent ayant son cours parallèle à l'Hellespont, et tout à fait au bas de la plaine actuelle, laquelle, en dix-huit siècles, a été certainement reculée d'environ trois kilomètres vers la mer, il est de toute impossibilité que nous puissions reconnaître en lui le Simoïs; car il est bien avéré que celui-ci et son *frère* le Scamandre avaient leur confluent en avant du retranchement des Grecs du côté de Troie.

J'ai avancé, page 10, que je crois pouvoir fournir deux témoignages matériels qu'au temps d'Homère, l'état des choses dans la plaine de Troie était tel à peu près que je viens de le décrire, c'est-à-dire que cette plaine ne se portait pas alors plus loin que Koum-Keui. En effet, je crois voir ces témoignages dans l'existence de deux tumuli qui se correspondent à cette hauteur dans cette même plaine, l'un qui est encore très-visible, m'a-t-on dit, un peu en arrière au sud-ouest de ce même Koum-Keui, village dont le nom

(1) Environ 2,200 mètres. Ce paragraphe et les deux suivants répondent aux objections qui ont été faites touchant la distance de Troie aux vaisseaux. Voyez, pour plus de détails, la Ire partie de mon livre, page 134-139.

(13)

indique qu'il fut établi sur d'anciennes dunes, et l'autre que Lechevalier et moi nous avons pu voir encore distinctement sur la rive
gauche du Mendéré, et qui, étant également composé en grande
partie de sable mêlé de coquillages de mer, ne permet pas de douter que la plage de la baie dont M. Webb a méconnu l'existence,
ait dû s'étendre tout près de là, au temps où ce tumulus et celui de
Koum-Keui furent élevés, conséquemment à l'époque de la guerre
de Troie.

Si, particulièrement le fait que j'ai rappelé au souvenir de ceux
de mes lecteurs érudits qui ont lu M. Webb, ce fait qu'Achille tra-
versa notre Scamandre au moyen d'un arbre abattu de l'une à
l'autre rive, en dissipant la prévention que les arguments de notre
adversaire ont pu faire naître en eux, a encore pour effet de ré-
duire dans leur esprit celui des deux fleuves que le grand poëte
s'est complu à mettre le plus souvent en scène, à des proportions
presque mesquines, j'espère que leur raison pourra concevoir facilement que ce fleuve ait pu cependant, au temps de Priam, mériter de conserver son nom jusqu'à l'Hellespont, de préférence au
Simoïs; car c'est seulement à lui, à notre Scamandre, que peuvent se rapporter les gracieuses expressions d'Homère que M. Webb
veut appliquer au Mendéré-sou : c'est bien notre Scamandre qui est
le fleuve sur lequel les saisons n'avaient presque pas d'action, dont
les eaux abondantes coulaient presque toujours paisiblement et à
plein bord jusque dans la baie qui servit de port à la flotte grecque.
Restreint, pour son cours, à l'étendue de la plaine; préservé, jusqu'à sa jonction au Simoïs, de tout envahissement des eaux étran-
gères à ses sources, c'est de lui dont le divin poëte nous vante les
ondes habituellement limpides et argentées, et c'est encore sur
ce qui reste de ses rives, jadis beaucoup plus séduisantes, il n'y a
point à en douter, que croissent le Lotus, l'Apium, le Tamaris, et
tant d'autres plantes et arbustes que le père des historiens, des
géographes et des naturalistes, cite aussi fréquemment avec tant

de complaisance. En vain l'on veut prêter de tels charmes au Mendéré qui ne peut être autre chose que le Simoïs ; car, je ne saurais
trop l'affirmer, puisque cette assertion est vraie, et parce que j'ai
été à même de bien le reconnaître, ce Mendéré n'est qu'un torrent dont le lit, estimé en effet à six cents pieds de largeur, ne
présente à l'œil, la plupart du temps, comme le fait notre Loire
en été, qu'une vaste voie de graviers parsemée de flaques d'eau, et
montrant, parfois d'un côté, parfois de l'autre, et rarement sur
toute sa largeur, une mince nappe qui peut à peine voiler les galets
et les débris de roches qu'au temps des fontes de neiges, ou après
avoir été subitement enflé par des orages, il entraîne dans son
cours, alors véritablement formidable (1).

Relativement à ce refus qu'a fait M. Webb de reconnaître le courant produit des sources de Bounar-Bachi pour le vrai Scamandre,
à cause de son exiguïté, je crois convenable de faire encore une
observation. C'est que notre critique déprécie hors de raison les
proportions de ce courant, quand il affirme que ce n'est qu'un
simple, qu'un *petit* ruisseau, puisque lui-même, au commencement
de sa dissertation, page 28, lui accorde 15 pieds de large. Or, tout
devant être apprécié comparativement, lors même qu'on aurait
toute raison de croire que notre Scamandre n'a jamais eu plus
d'importance, il faudrait toujours admettre qu'une rivière de quinze
pieds de large, et qui offre un cours toujours égal, peut être con-
sidérée pour quelque chose dans cette contrée de l'Asie Mineure,
où ce qu'on appelle fleuve n'est le plus communément, comme
notre Simoïs, qu'un torrent presque toujours très à peu près à

(1) C'est du moins ainsi que j'ai, non-seulement vu, mais dessiné le Mendéré du
haut de la position où j'ai trouvé des restes de murailles, que je persiste à considérer
comme ayant fait partie de l'enceinte du Pergama. Au reste, on peut voir aussi,
par les termes que j'ai rapportés et soulignés dans la note, p. 7, que c'est le Simoïs
qu'Homère caractérise comme un *torrent*; mais c'est le seul Scamandre qu'il
qualifie de *divin*.

sec. J'ajouterai qu'on peut fort sensément présumer que le petit fleuve dans lequel nous croyons voir le véritable Scamandre, dut avoir plus de valeur au temps de Priam. Il est assurément fort admissible que ces belles sources qui ont perdu, à un faible degré toutefois, l'un des principaux caractères décrits par le poëte, peuvent avoir également perdu une quantité plus ou moins considérable de leurs eaux. En tout cas, nulle autre position que celle du Balli-Dagh, voisine de ces belles sources, ne peut réunir à ce point les données que l'on peut chercher dans les œuvres du grand poëte, quand il s'agit de déterminer le lieu précis où fut l'antique cité que ses chants ont rendue si fameuse.

Le moment me paraît venu de faire pour la Troie de M. Webb ce que je viens de faire pour ses fleuves. Je vais démontrer que la position assignée par lui à la ville homérique, ne répond aucunement aux données dont il s'agit et que je vais exposer.

De toutes les observations que l'on peut faire dans les œuvres du poëte, il résulte évidemment que la véritable Pergame occupait une colline qui s'élevait d'abord peu sensiblement, à partir d'une plaine dont cette colline formait le fond, jusqu'au pied d'une citadelle dont les murs avaient pour bases, en bonne partie, des escarpements. Ce premier point est indiqué par la considération que des chars descendaient habituellement de cette cité, et que, si l'on put y introduire le cheval colossal qui reçut dans ses flancs Ulysse et un assez bon nombre de ses compagnons, il fut aussi question de précipiter cette monstrueuse machine du haut des rochers. La disposition des localités s'opposait à ce que cette ville fût investie, puisqu'elle ne le fut jamais. Elle n'était facilement accessible que du côté du couchant, puisque c'était toujours vers les portes Scées que les Grecs venaient l'assaillir, et certainement elle se trouvait à une assez grande distance du camp ennemi, puisque les Troyens, après avoir battu ces mêmes Grecs, préférèrent bivouaquer sur les positions intermédiaires, plutôt que de se retirer entièrement pour aller passer la nuit dans ses murs, et que l'infortuné père d'Hector, s'étant rendu au poste d'Achille, où il arriva un peu après la chute du jour, se trouva dans la nécessité de passer la nuit sous la tente du meurtrier de son fils. Enfin des sources abondantes, et offrant une particularité peu commune, se trouvaient dans le voisinage presque immédiat de ces portes dites du couchant, puisque du haut des tours qui défendaient cette entrée de la ville, on voyait très-distinctement tout ce qui se passait près des sources.

Or non-seulement, de toutes ces principales données, il n'en est aucune qui soit applicable à la position de Tchiblak que M. Webb a en vue, mais, bien pis, cette position pêche par l'une des conditions les plus essentielles à une population nombreuse, par le manque d'eau. Pour se convaincre de la vérité de cette assertion, il ne faut que jeter un coup d'œil sur le plan joint à l'œuvre de cet auteur, et entendre ses propres paroles. Si nous nous en rapportons au plan, le point le plus rapproché du faible ruisseau que l'on y voit tracé, le Kalifatli, est distant d'environ deux kilomètres du pied de la colline où notre adversaire suppose que la Troie d'Homère a existé; et pour ce qui est de ses paroles, il a lui-même la maladresse de nous dire que ce kalifatli sort d'un marais, lequel contient si peu d'eau que « dans la plaine, à l'endroit où il « commence, il disparaît sous un tapis de gazon; qu'en été il « est presque entièrement à sec, et que *c'est tout simplement un* « *égout.* »

Il faut convenir que M. Webb n'est point heureux dans ses conjectures sur des positions de ville. Les personnes qui auront accordé tant soit peu d'attention à ce que j'ai dit de l'état de la plaine au temps d'Homère, pourront difficilement deviner où ce voyageur s'est avisé de placer la ville de Scamandria dont Pline a fait mention. Ayant en vue le même passage de cet écrivain qui m'a fourni le sujet de la dissertation à laquelle je me suis permis (p. 10) de renvoyer mes lecteurs, ainsi que l'opinion de quelques philologues modernes, lesquels ont conclu des termes du passage en question que Scamandria devait être à l'embouchure du Scamandre ; toujours préoccupé de ce qu'a écrit Strabon , c'est à l'embouchure actuelle du Mendéré-sou qu'il a établi cette Scamandria , ville que nous avons sujet de croire fort ancienne : il donne ainsi pour site à cette ville un sol qui, certainement, à l'époque de la guerre de Troie, était encore sous les flots, et qui, probablement, n'avait point apparu entièrement à la clarté du jour quand cette Scamandria fut fondée !

Voilà pourtant où la foi exclusive dans l'infaillibilité de Strabon a conduit M. Webb.... Je ne puis expliquer autrement par quelle singularité ce voyageur, qui nous est présenté comme un géologue, un naturaliste distingué, se refuse aveuglément à admettre que les champs illustrés par Homère puissent nous offrir quelques grands exemples de ces changements que le renouvellement annuel des saisons, l'action alternative de la chaleur et des frimas, le travail incessant de la terre, opèrent pendant le cours des siècles dans des localités quelconques, soit par les atterrissements considérables que causent les alluvions des fleuves, soit par leurs affaiblissements progressifs, et la disparition totale de ces fleuves. M. Webb a pourtant beaucoup voyagé ; il a vu , au fond de l'Italie, une contrée bien renommée par des effets de ce genre, où des terres plus ou moins élevées se sont abaissées au-dessous du niveau de la mer ; où parfois, au contraire , des monts ont jailli soudainement du sol.... Avant d'explorer la Troade, il avait visité Athènes : dans son scepticisme, aura-t-il donc contesté à ses habitants que la position de leur ville puisse être celle qu'occupait la ville de Thésée, en se fondant, pour le nier, sur ce que, dans celle-ci, on voyait un fleuve assez remarquable qu'on appelait *Ilissus*, et qu'il ne se trouve chez eux rien qui puisse mériter même le nom de ruisseau ?..... Assurément, il n'est pas présumable que le lit de ce fleuve et la fontaine Callirhoë aient été, aux plus anciens temps, ce qu'ils sont de nos jours. Si, en quinze à vingt siècles, l'un et l'autre ont pu disparaître à peu près complétement, on peut bien admettre, ce me semble, qu'en trente siècles, par des causes à peu près pareilles, le Scamandre a pu aussi perdre quelque peu de son importance (1).

Tous les hommes judicieux et impartiaux qui auront daigné consacrer un moment de loisir à la lecture de cette défense que j'ai dû faire des opinions communes à Lechevalier et au comte de Choiseul, reconnaîtront du moins, je l'espère, que, si, entre ces opinions et celles qu'on leur oppose, il en est auxquelles on peut justement appliquer certain terme dont M. Webb a cru pouvoir se servir, ce ne sont assurément point les opinions de mes auteurs; mais je ne veux aucunement appuyer sur cette remarque : je préfère terminer cette discussion par le récit d'un fait propre à faire sentir combien peu est fondé le refus d'admettre qu'un faible courant, de la proportion de notre Scamandre, puisse jamais avoir eu, fût-ce momentanément, assez d'importance pour justifier des épithètes comme celles dont le poëte historien fait parfois usage, tantôt pour l'un, tantôt pour l'autre des deux principaux fleuves qui, de son temps, parcouraient la plaine d'Ilion (2).

(1) Le lit de l'Ilissus est absolument à sec pendant toute la belle saison, et, dans celle des pluies, il est seulement *imbibé d'une humidité suffisante pour produire quelques plantes herbacées*. Pour ce qui est de la fontaine qui doit avoir reçu le nom de *Callirhoë* en raison de la beauté de ses sources, on ne voit plus guère à Athènes que les trous par lesquels ses eaux réputées belles et abondantes, se répandaient, déjà assez faiblement au temps de Strabon. (Voyez les Antiquités d'Athènes de Stuart et Revett, publiées par Landon; pour ce qui est de la première assertion, au tome III, p. 73, et, pour la seconde, le même tome, p. 22.)

(2) Il faudrait d'abord s'assurer si toutes ces épithètes traduisent exactement les termes du texte original; si, par exemple, l'expression que l'on a rendue par celle-ci, *tourbillonnant*, n'indique pas tout simplement les méandres que le cours du fleuve dessine dans la plaine. J'ai sujet de me défier un peu des connaissances de M. Webb dans la langue grecque, depuis que j'ai pu voir dans son livre, les mots *chalkerea doura* traduits par *javelots armés de fer*, tandis qu'ils ne peuvent signifier que des javelots de *cuivre* ou d'*airain*.

Un neveu du fameux Souvarof, traversant la Rimnick, rivière qui était, en ce moment, aussi très-modeste, et dans laquelle le général a déclaré, par bulletin, avoir noyé plusieurs milliers de Turcs, avait exprimé son incrédulité sur la possibilité d'un tel fait, en termes fort peu révérencieux pour la mémoire de son oncle. A quelques semaines de là, lorsqu'il lui fallut repasser cette même rivière, il dut reconnaître, un peu trop tard, qu'il avait eu tort de taxer le rapport officiel d'*absurdité*; car il se noya dans cette même rivière devenue impétueuse, et précisément au même lieu où il avait fait pis que révoquer en doute la véracité du général.

CONCLUSION. La conclusion la plus naturelle qu'on puisse tirer de toutes ces disputes qui, depuis un demi-siècle et plus, se sont élevées, et ont été soutenues de part et d'autre, avec une sorte de véhémence, entre un si grand nombre des érudits les plus considérés de notre Europe, au sujet des œuvres d'Homère, disputes qui, jusqu'ici, n'ont eu d'autre résultat que de porter quelques-uns de ces écrivains plus ou moins haut placés dans l'estime publique, à nier que ces brillantes œuvres aient pour fond *des faits historiques*, et même *qu'il y ait jamais eu un Homère;* cette conclusion, dis-je, me paraît être qu'il y a bien réellement importance et urgence à donner suite aux propositions que j'ai itérativement adressées à notre gouvernement, au commencement de l'année courante. J'ai dit *importance*, parce que, selon moi, ces propositions offrent le seul moyen efficace auquel l'administration de l'instruction publique puisse recourir, pour peu qu'elle tienne à déterminer, relativement à ces objets, une opinion assez manifeste, pour que les écrivains à venir ne puissent s'en écarter sans nuire à leur propre considération; et j'ai dit *urgence*, parce que, si l'on est disposé à donner suite à ces propositions, il ne faut pas attendre, on doit bien le concevoir, que tout ce qui aurait pu concourir à faire reconnaître de quel côté la vérité se trouve, ait été anéanti, tant par la main des hommes que par le travail des saisons, ou les convulsions du globe.

Par toutes ces considérations, je crois terminer convenablement le présent écrit en engageant ceux de mes lecteurs en possession de quelque crédit, soit qu'ils partagent les opinions que je soutiens, soit, au contraire, que, jusqu'à ce jour, ils aient été portés pour celles de mes adversaires, à se joindre à moi, dans un intérêt commun, à l'effet de décider, par l'expression uniforme de leurs vœux, notre gouvernement à profiter de l'une des premières circonstances favorables qui se présenteront pour envoyer sur les lieux mêmes, un petit nombre d'hommes convenablement instruits, consciencieux, et conséquemment dégagés de tout intérêt personnel, ayant simplement pour mission de décrire et d'offrir à notre pensée, au moyen d'un plan topographique levé géométriquement, l'état bien positif des localités, au moment où l'on fera ce travail ; car, je le répète, c'est seulement sur un exposé bien complet, bien authentique du véritable état des choses, et sur ce qu'il aura été possible de constater des changements opérés dans ces lieux, par quelque cause que ce soit, depuis qu'ils ont été décrits par le poëte historien, qu'on pourra constituer, comme il est désirable que cela soit fait, une opinion, sinon unanime, du moins dominante chez les meilleurs esprits, par rapport aux principales questions que j'ai plus particulièrement tenté de résoudre dans le livre dont le présent écrit, je l'espère, aura formé le dernier appendice.

Paris, le 2 octobre 1844.

MAUDUIT.

PARIS. — TYPOGRAPHIE DE FIRMIN DIDOT FRÈRES,
IMPRIMEURS DE L'INSTITUT, RUE JACOB, 56.

www.ingramcontent.com/pod-product-compliance
Lightning Source LLC
LaVergne TN
LVHW021745030726
842523LV00003B/916